# Bastelspaß für Pferdefreunde

Maja Rabe

# "Welcome"

### Material
- Pappelsperrholz, 3 mm dick
- Rundstab, Ø 12 mm, 60 cm lang
- Farben: weiß, beige, blau, rotbraun, schwarz
- grüne Bastlocken
- grüne Sisalwolle
- grüner Lackdraht
- schwarzer Fineliner
- Holzleim
- Schmirgelpapier oder Feile

Zu Beginn alle Teile aus Pappelsperrholz aussägen, die Kanten mit Schmirgelpapier oder einer Feile glätten und laut Abbildung farbig gestalten. Nach dem Trocknen der Farben mit einem Fineliner alle Konturen aufzeichnen. Legen Sie die Motivteile vor dem Zusammenleimen erst einmal in Position, um zu sehen, wo die einzelnen Teile angeleimt werden müssen. Orientieren Sie sich dabei an der Abbildung oder dem Vorlagenbogen. Den Schriftzug ergänzen und einen Rundstab mit Heißkleber befestigen. Abschließend den grünen Lackdraht spiralförmig aufwickeln und zusammen mit den Bastlocken und der Sisalwolle unter dem Schild befestigen.

---

**Impressum:**
© 2005 Bücherzauber Verlag GmbH, 41540 Dormagen
ISBN: 3-86545-057-1          Best.-Nr.: 50571

Fotos: Peter Wirtz, Dormagen
Styling: Angelika Nowotny, Agata Franica
Grafik/Zeichnungen: Daria Broda
Lithos: IMS Integrated Media Solutions GmbH, Köln
Layout/Satz/Bildbearbeitung: Andrea Splietker, Köln
Druck: asmuth, Köln • www.asmuth-koeln.de

Das Gesamtwerk sowie die darin abgebildeten Motive sind urheberrechtlich geschützt. Jede gewerbliche Nutzung oder Vervielfältigung der abgebildeten Entwürfe – auch auszugsweise – ist nur mit schriftlicher Genehmigung des Herausgebers gestattet. Das Gleiche gilt auch für die Verbreitung, Vervielfältigung oder sonstige Verarbeitung mit elektronischen Systemen.

Alle Materialangaben und Arbeitsweisen für die abgebildeten Motive wurden sorgfältig geprüft. Eine Garantie oder gar Haftung für eventuell auftretende Schäden können seitens der Autorin oder des Verlages nicht übernommen werden.

1. Auflage 2005

# Vorwort

Sind Sie ein Pferde-Narr oder kennen Sie einen? Dann kommt Ihnen dieses Buch sicher gerade recht.

Wie oft sucht man ein kleines Geschenk oder ein Mitbringsel für einen Pferdefreund. Oder wie überreicht man einem Pferdebegeisterten Geld? Hier finden Sie jede Menge Anregungen.

Viel Spaß beim Durchblättern und Nachbasteln wünscht Ihnen

*Maja Rabe*

Maja Rabe

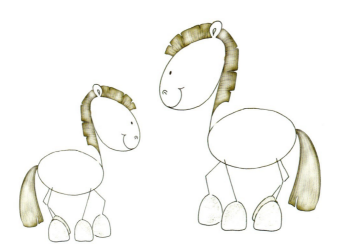

# Material & Werkzeug

Buntstift

Nadel und Faden

Transparentpapier

Pinsel

Holzleim

Sandpapier
Holz

Tonpapier
dünner Karton

Säge

Nähmaschine

Kleber

Draht

Schere

# So wird's gemacht!
## Schablonen anfertigen

### Schritt 1

Als Erstes alle Teile des Motivs ohne Überschneidungen mit Transparent- oder Butterbrotpapier vom Vorlagenbogen abpausen. Das Papier dann auf einen Karton kleben.

### Schritt 2

Die einzelnen Motivteile entlang der Konturen ausschneiden und schon ist die Vorlage fertig.

### Tipps

▶ Lesen Sie immer erst die gesamte Anleitung durch, bevor Sie mit dem Zusammensetzen des Motivs beginnen. Das Foto im Buch und der Vorlagenbogen sind dabei eine gute Hilfe.

▶ Verwenden Sie zum Kleben von Holzteilen Holzleim „extra stark", er verbindet die einzelnen Teile besonders schnell miteinander.

### Schritt 3

Nun die Schablonen auf das ausgewählte Material legen und mit einem spitzen Bleistift umfahren. Je nach Material die Motivteile entweder mit einer Schere ausschneiden oder mit einer Säge aussägen und laut Motivanleitung weiterverarbeiten oder gemäß Abbildung zusammensetzen.

# Kantenhocker-Pferde

**Material**
- Fichtenleimholz, 18 mm dick
- Farben: weiß, rosa, braun, schwarz
- Holzleim
- schwarzer Fineliner
- Lackdraht
- schwarze Marabufedern
- Schmirgelpapier oder Feile

Die Körper der Pferde je einmal, alle anderen Teile je zweimal auf das Holz übertragen. Alle Teile aussägen und die Kanten mit Schmirgelpapier oder einer Feile glätten. Mit einem 3-mm-Bohrer an den markierten Stellen den Körper und die Arme durchbohren. Anschließend alle Teile entweder lasieren oder deckend bemalen.

Nach dem Trocknen der Farbe die zweiteiligen Beine zusammenleimen. Den Kleber trocknen lassen und die Beine beidseitig mit Holzleim an den Körpern fixieren. Befestigen Sie die Arme mit Draht am Körper und ergänzen am braunen Pferd eine Mähne aus schwarzen Marabufedern.

# Buchstützen

## Hufeisen

Material:
- Fichtenleimholz, 18 mm dick
- Massivholzbrett, 9 cm breit, 18 mm dick
- Farben: blau, silber
- Holzleim
- Schmirgelpapier oder Feile

Nach dem Übertragen der Konturen die Hufeisen aus dem Fichtenleimholz aussägen. Die Kanten mit einer Feile oder Schmirgelpapier glätten und die Hufeisen mit silberner Bastelfarbe bemalen. Vom Massivholzbrett zweimal 13 cm und zweimal 17 cm absägen und die Schnittkanten ebenfalls glätten. Je zwei Holzstücke im rechten Winkel zusammenleimen. Die Stützen mit einer Lasur aus blauer Bastelfarbe und Wasser kolorieren und nach dem Trocknen die Hufeisen aufleimen.

## Ponyköpfe

Material
- Fichtenleimholz, 18 mm dick
- Massivholzbrett: 9 cm breit, 18 mm dick
- Farben: grün, braun
- Holzleim
- grüne Sisalwolle
- einige Stoffblumen
- schwarzer Fineliner
- Schmirgelpapier oder Feile

Die Köpfe auf das Fichtenleimholz übertragen, aussägen und die Kanten glätten. Stellen Sie aus brauner Bastelfarbe und Wasser eine Lasur her und lasieren die Köpfe damit. Nach dem Trocknen die Konturen aufmalen. Von dem Massivholzbrett je zweimal 13 cm und 17 cm absägen. Die Schnittkanten glätten und je ein 13 cm sowie ein 17 cm langes Stück im rechten Winkel zusammenleimen. Den Kleber trocknen lassen und die Stütze mit grüner Lasur anmalen. Zum Schluss die Köpfe mit etwas Sisalwolle und einigen Blüten auf die Stützen leimen.

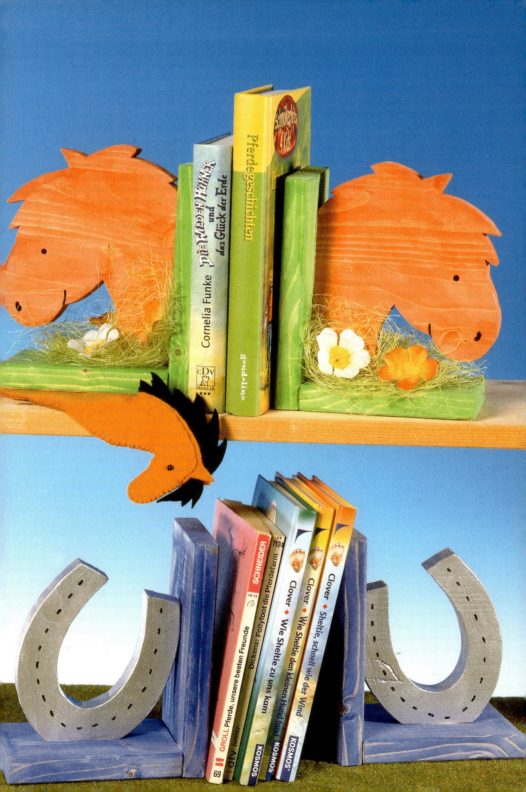

# Pferde

## Kuschelkissen

Material:
- Baumwollstoff, 45 cm
- Filz je Pferd: braun, 23 x 23 cm; beige, 15 x 15 cm; schwarz, 15 x 15 cm
- Vliesofix (Vlieseline zum Applizieren), 30 cm
- farblich passendes Garn
- Bastelwatte

Zu Beginn das Kissen aus Baumwollstoff (40 x 40 cm) im Stoffbruch mit 1 cm Nahtzugabe zuschneiden. Die Teile der Pferde ohne Nahtzugabe aus Filz ausschneiden, das Vliesofix grob zuschneiden und auf die Rückseite der Filzteile bügeln. Dabei muss die Papierseite des Vliesofix oben liegen. Das überstehende Vliesofix rundherum abschneiden, das Papier abziehen, die Pferde auf dem Kissenstoff platzieren und aufbügeln. Anschließend die Mähne und den Schweif aufbügeln.

Die Pferde im Zickzackstich (Stichlänge 0,5) rundherum annähen. Nun das Kissen rechts auf rechts falten und die Naht, bis auf eine Öffnung zum Stopfen, zunähen. Das Kissen durch die Öffnung wenden und mit Bastelwatte füllen. Die Naht schließen, und das Kissen ist bereit zum Kuscheln.

## Filzpferdchen

Material:
- Filz, 50 x 25 cm
- 2 schwarze Perlen, Ø 4 mm
- Wolle
- farblich passendes Garn
- Bastelwatte

Alle Teile des Pferdes ohne Nahtzugabe zuschneiden. Der Körper wird zweimal, davon einmal gegengleich, benötigt. Die Nähte im Feston- oder Knopflochstich nähen. Legen Sie die Körperteile (1) deckungsgleich aufeinander und schließen die Naht von A nach B. Das dritte Teil (2) von C nach D zwischen die Körperteile nähen und die Ohren beidseitig am Kopf befestigen. Für die Mähne und den Schweif etwas Wolle in mehreren Portionen um einen Pappstreifen wickeln, bündeln und an das Pferd nähen.

# Lesezeichen

**Material**
- Filz: weiß, braun, dunkelbraun, schwarz
- je 2 schwarze Perlen, Ø 4 mm
- farblich passendes Nähgarn

Alle Teile zweimal, davon einmal gegengleich, ohne Nahtzugabe zuschneiden und im Feston- oder Knopflochstich umstechen. Im Mähnenbereich im Steppstich nähen.

### Dunkelbraunes Lesezeichen

Beide Teile deckungsgleich aufeinander legen und zusammennähen. Als Augen schwarze Perlen annähen. Zuletzt die Mähne fransig schneiden.

### Weißes Lesezeichen

Das zusätzliche Mähnenteil zwischen den am Pferd befindlichen Mähnen platzieren und mit einnähen. Zum Schluss die Perlenaugen ergänzen.

### Zweifarbiges Lesezeichen

Die schwarze Mähne zweimal zuschneiden und zwischen die beiden Pferdeteile nähen. Für die Augen zwei schwarze Perlen annähen.

# Spardose

**Material**
- Plüsch: braun, 25 cm; schwarz, 15 x 15 cm
- roter Filz, 15 x 24 cm
- 2 schwarze Glasaugen, Ø 8 mm
- Blechdose, 25 cm hoch, Umfang 31,5 cm
- Bastelwatte
- Karton
- Wolle

Zunächst alle Pferdeteile mit einer Nahtzugabe von 5 mm zuschneiden. Die Arme, Hufe, Ohren und Beine viermal, davon zweimal gegengleich zuschneiden. Teil 2 zusätzlich etwas kleiner aus Karton und das Herz aus rotem Filz ohne Nahtzugabe zuschneiden.

An Teil 1 die untere Kante umnähen und die hintere Naht schließen. In die obere Öffnung Teil 2 so einnähen, dass der Schlitz hinten ist. Den Pferdekopf rechts auf rechts legen und von A nach B zusammennähen. Anschließend Teil 4 in die Öffnung nähen und den Kopf durch die Stopföffnung mit Bastelwatte füllen. Legen Sie die Ohren rechts auf rechts und nähen sie zusammen. Die untere Nahtzugabe in das Ohr stecken und die Naht schließen. Nun die Ohren wenden, befestigen und die Perlaugen aufnähen. Den fertigen Kopf mittig auf Teil 2 nähen, den Schlitz dabei frei lassen.

Die zugeschnittene Pappe in die Hülle schieben, mittels Klebstoff an Teil 2 befestigen und während des Trocknens mit Wäscheklammern fixieren. Nähen Sie die Hufe an die Arme und legen diese rechts auf rechts. Die Naht von A nach B schließen, die Arme wenden, mit Bastelwatte füllen und an den Körper nähen.

Das Filzherz im Feston- oder Knopflochstich von A nach B zusammennähen, mit Bastelwatte füllen und die Naht schließen. Fixieren Sie das Herz zwischen den Hufen. Für die Mähne portionsweise Wolle um einen Pappstreifen wickeln. Die Wolle mit gleichem Faden bündeln, die Schlaufen aufschneiden und mit einigen Nadelstichen am Kopf befestigen. Die Schnittkanten der ausgewaschenen Blechdose glätten und das Pferd über die Dose stülpen.

# Pferdetaschen

## Handtasche
**Material**
- Plüsch: braun, 35 cm; weiß, 10 x 10 cm, schwarz, 20 x 20 cm
- Baumwollstoff, 35 cm
- Sicherheitsaugen, Ø 10 mm
- grüne Kordel, Ø 8 mm, 120 cm lang
- grüne Kordel, Ø 2 mm, 12 cm lang
- Holzperle, Ø 2 cm
- schwarze Wolle
- Bastelwatte
- farblich passendes Garn

Alle Taschenteile mit einer Nahtzugabe von 6 mm zuschneiden. Die Sicherheitsaugen an den markierten Stellen anbringen, die Kopfteile rechts auf rechts legen und von A nach B zusammennähen. Den Kopf mit Bastelwatte füllen und die untere Kante zuheften. Die Nahtzugabe dabei nicht nach innen legen. Die Ohren verstürzen und an den Kopf nähen.

Nun zunächst die Hufe an die Beine nähen. Ein Bein erhält zusätzlich eine weiße Fessel. Jeweils zwei Beinteile rechts auf rechts legen und bis auf die Stopföffnung zusammennähen. Die Beine wenden und mit Bastelwatte füllen. Für den Schweif und die Mähne schwarze Wolle um einen Pappstreifen wickeln, mit dem gleichen Faden bündeln und die Schlaufen aufschneiden. In die Enden der dicken Kordel je einen Knoten legen. Die dünne Kordel zu einer Öse legen und verknoten.

Die Plüschtaschenteile 1 und 2 von A nach B zusammennähen und dabei den Taschenboden (Teil 3), den Kopf und den Schweif mit festnähen. Kopf und Schweif liegen dabei innen. Beim Zusammennähen der Baumwollteile 1 und 2 von A nach B ebenfalls den Baumwoll-Taschenboden (Teil 3) einnähen. Nun die Plüsch- und die Baumwolltaschen rechts auf rechts legen und von C nach D zusammennähen. An der markierten Stelle die Öse einfassen. Die Lasche umstülpen und die Taschen ineinander stecken. Beide Taschenteile am oberen Rand miteinander vernähen, die Kordel dabei einfassen.

Abschließend die Mähne annähen, die Beine mit einigen Stichen befestigen und die Holzperle als Knopf anbringen.

## Beutel
**Material**
- Baumwollstoff, 60 cm
- farblich passendes Nähgarn

Alle Taschenteile mit 1 cm Nahtzugabe zuschneiden. Für die Tasche zwei 40 x 45 cm große Stücke zuschneiden. Die beiden Taschenteile am unteren Rand zusammennähen. Den oberen Taschenrand ca. 2,5 cm weit nach innen umbügeln und abnähen. Nun die Taschenteile rechts auf rechts legen und die Seitennähte schließen.

Für die Henkel zwei Streifen von 7 x 46 cm Länge zuschneiden. Die Nahtzugabe beidseitig umbügeln, den Henkel über die Länge zur Hälfte falten und bügeln. Den Henkel absteppen und innen an die Tasche nähen. Für einen besseren Halt die Henkel-Enden noch einmal schräg festnähen.

Hinweis: Wenn das Muster es zulässt, kann die Tasche auch im Stoffbruch zugeschnitten werden.

# Schmusepferd Betty

**Material**
- Plüsch: braun, 30 cm; weiß, 15 x 15 cm; schwarz, 20 x 20 cm
- 2 Sicherheitsaugen, Ø 10 mm
- schwarzes Baumwollgarn
- farblich passendes Garn
- Bastelwatte

Schneiden Sie alle Teile mit einer Nahtzugabe von 5 mm zu. Achten Sie dabei darauf, dass einige Teile gegengleich benötigt werden.

Zunächst an den Ohren die Abnäher absteppen, die Teile rechts auf rechts legen, von A nach B zusammennähen und wenden. Auch am Kopf- und Schnauzenteil zuerst die Abnäher nähen. Dann je ein Kopf- und Schnauzenteil von A nach B zusammennähen und die Sicherheitsaugen an den eingezeichneten Positionen befestigen. Die beiden Teile rechts auf rechts legen und von C nach D nähen. Dabei die Ohren an den eingezeichneten Stellen einnähen. Den Kopf durch die Stopföffnung wenden, mit Bastelwatte füllen und zunähen.

Am Körper ebenfalls erst alle Abnäher abnähen. Die Nähte von A nach B, und von C nach D nähen. Nun an die Beine die Hufe, jeweils von A nach B, nähen. Danach immer je zwei Teile rechts auf rechts legen, die Naht von C nach D schließen und durch die Stopföffnung wenden. Zwei Beine füllen und die Öffnung zunähen.

Fertigen Sie einen Schweif und die Mähne aus dem Baumwollgarn. Dazu etwas Garn um ein Stück Pappkarton wickeln, vom Karton abstreifen und mit gleichem Faden bündeln. Insgesamt benötigen Sie drei Bündel, davon ein längeres für den Schweif.

Den Boden in die Öffnung des Körpers nähen, und dabei den Schweif und die noch ungefüllten Beine an den markierten Stellen einnähen. Beide Teile dabei in den Körper legen, damit sie nach dem Wenden des Körpers durch die Stopföffnung außen sind. Nach dem Wenden die beiden Beine mit Bastelwatte füllen und die Stopföffnung schließen.

Den Kopf und die beiden übrigen Beine mit einigen Stichen so an den Körper nähen, dass sie hin und her wackeln können. Dadurch ist Betty sehr gelenkig und keine Gelenke stören beim Schmusen. Zuletzt die Bündel für die Mähne an den Kopf nähen und eventuell mit einer Schere zurechtstutzen.

# Ordnungshelfer für die Wand

**Material**
- Baumwollstoff: kariert, 45 cm; uni, 45 cm; Pferdemuster, 20 cm
- roter Filz, 20 x 20 cm
- 4 Holzringe, Ø 18 mm
- Rundstab, Ø 12 mm, 41 cm lang
- 2 Perlen, Ø 2 cm
- 5 Knöpfe
- farblich passendes Garn
- Pappe
- Klebestift

Schneiden Sie alle Teile, bis auf die Filzteile, mit 1 cm Nahtzugabe zu. Den karierten Hintergrund (0) und alle Stofftaschen auch aus dem unifarbenen Stoff zuschneiden.

Die bedruckten Taschenteile rechts auf rechts auf die unifarbenen legen und rundum, bis auf eine Wendeöffnung, umnähen. Die Taschen wenden und die Öffnungen zunähen. Die Filztaschen werden nicht verstürzt. Nähen Sie die Holzringe auf den schmalen Filzstreifen. Anschließend alle Taschen auf dem karierten Untergrund platzieren und festnähen. Teil 1 und Teil 3 durch Absteppen nochmals unterteilen. Den schmalen Filzstreifen mit den Holzringen rundum festnähen, da es sich hierbei um ein Schmuckteil und keine Tasche handelt.

Nun das karierte Teil 0 rechts auf rechts auf das unifarbene legen und bis auf den unteren Rand rundherum zusammennähen. Das Teil wenden, ein passendes Stück Pappe mit Klebstoff einstreichen und zwischen die Stoffteile schieben. Den Stoff andrücken und die untere Naht zunähen.

Zum Schluss die Laschen umlegen und mit den Knöpfen fixieren. Einen Rundstab durch die Laschen führen und als Abschlüsse Perlen ankleben.

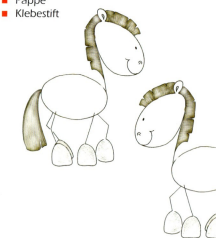

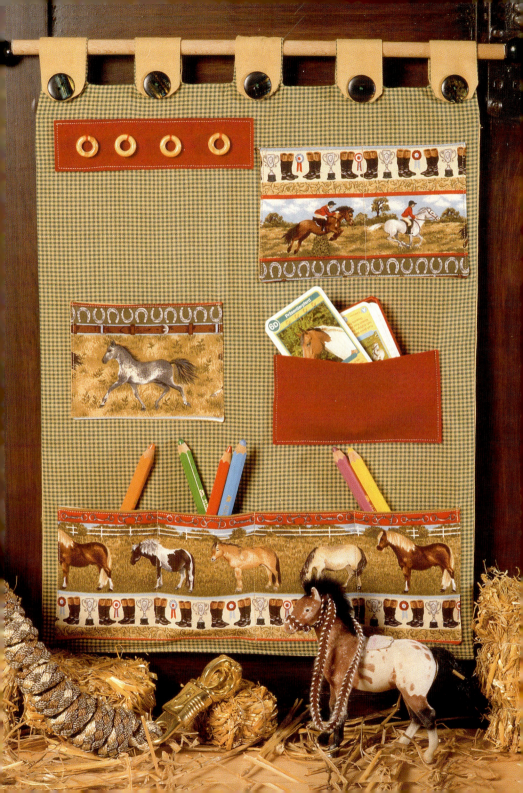

# Dekorationen

## Kleiner Kantenhocker

**Material**
- Fimo: sahara, cognac
- 2 schwarze Glas- Perlen, Ø 3 mm

Modellieren Sie den Körper, den Kopf, die Ohren und die Beine aus cognacfarbenem Fimo. An den Beinen Hufe aus saharafarbenem Fimo ergänzen. Die Einzelteile zusammenfügen und schwarze Perlen als Augen platzieren. Für die Mähne und den Schweif zwei Rollen formen, ausmodellieren und am Körper befestigen. Als neckisches Detail mithilfe eines Zahnstochers einen Bauchnabel andeuten. Die Figur gemäß Herstellerangaben im Backofen härten.

## Korkenpferde

**Material**
- je 1 Korken
- je 2 schwarze Glas- Perlen, Ø 4 mm
- Fimo: sahara, cognac, caramel, rot, tropischgrün, schwarz

Zu Beginn für die Kappe eine Kugel herstellen, flach drücken und um den Korken modellieren. Nun den Kopf und den Hals aus einem Stück formen. Für die Mähne eine Rolle flach drücken und mit einer Schere fransig schneiden. Modellieren Sie die Mähne an den Kopf. Kleine Ohren formen und mit den Augen beidseitig am Kopf positionieren.

Die Köpfe auf die Kappen setzen, das Ganze vorsichtig von den Korken lösen und im Backofen härten.

*Tipp: Den Korken vor dem Härten auf jeden Fall aus der Kappe lösen. Der Korken quillt im Backofen auf und sprengt die Kappe!*

## Schneekugel mit Pferd

**Material**
- Fimo: tropischgrün, caramel, rot, schwarz
- Schneekugel, Ø 90 x 75 mm
- 2 schwarze Glas- Perlen, Ø 3 mm
- 3 weiße Glas- Perlen, Ø 3 mm
- destilliertes Wasser
- 1 Tropfen Spülmittel
- Schneekugel- Schnee

Zuerst aus dem grünen Fimo die Rasenfläche gestalten. Dabei ein Loch zum Einfüllen des Wassers nicht vergessen. Nun die Hände waschen, da das grüne Fimo abfärbt. Aus braunem Fimo einen Pferdekopf, den Körper und die Beine formen. Alle Teile miteinander verbinden und die Beine dabei in die richtige Position bringen. Fertigen Sie aus schwarzem Fimo die Mähne und den Schweif an. Dazu für beide Teile zunächst Rollen formen, flach drücken und mit einer Schere fransig schneiden. Beides an den Körper modellieren. Anschließend die Ohren formen und mit Augen aus schwarzen Perlen am Pferd befestigen. Das Tier zusammen mit einigen roten Blüten auf dem Rasen platzieren. Die Blütenmitten bilden weiße Perlen. Mit dünnen, grünen Fimostreifen das Gras gestalten.

Das fertige Motiv im Backofen härten und nach dem Auskühlen auf die Bodenplatte kleben. Etwas Schnee in die Kuppel geben und die Bodenplatte aufkleben. Den Kleber am besten über Nacht trocknen lassen und die Kugel mit destilliertem Wasser und einem Tropfen Spülmittel füllen. Verschließen Sie die Öffnung mit dem Stöpsel.

# Pferdemotive

## Schlüsselbrett
Material
- Schlüsselbrett
- Farben: weiß, gelb, orange, rot, grün, dunkelgrün
- Serviette mit Pferdemotiv
- Klebehaken
- Klebstoff
- Serviettenkleber

Setzen Sie das Schlüsselbrett zusammen und grundieren es weiß. Den Pferdekopf aus der Serviette schneiden und die unbedruckten Serviettenlagen entfernen. Das Motiv mit Serviettenkleber aufkleben und trocknen lassen. Anschließend laut Abbildung mit den Farben einige Grasbüschel und Blumen andeuten und einen grünen Rahmen aufmalen. Zum Aufhängen einen Klebehaken auf der Rückseite befestigen.

## Zubehörbox
Material
- Box
- Farben: weiß, gelb, orange, rot, grün, dunkelgrün
- Servietten mit Pferdemotiven
- Serviettenkleber

Zu Beginn die Box mit weißer Farbe grundieren und die Motive aus den Servietten schneiden. Entfernen Sie die unbedruckten Lagen der Serviette. Auf die getrocknete Box mit Serviettenkleber die Motive kleben. Nach dem Trocknen des Klebers die Box laut Abbildung farbig gestalten.

# Papier-Dekorationen

## Pferde im Rahmen

### Material
- Tonkarton: weiß, beige, grün, rehbraun, dunkelbraun, schwarz
- grünes Seidenpapier
- Laserstanzteil „Pferde"
- Schachtel, 28 x 28 x 2 cm
- Klebstoff und Klebestift
- Klebehaken

Auf den Schachteldeckel die Vorlage für den Rahmen legen und den Umriss des Herzens übertragen. Das Herz circa 3 mm größer aus dem Deckel ausschneiden. Sollte Ihre Schachtel bereits über eine genügend große Öffnung verfügen, entfällt dieser Arbeitsschritt.

Den Rahmen vom Vorlagenbogen auf grünen Tonkarton übertragen, ausschneiden und auf dem Schachteldeckel befestigen. Drapieren Sie grünes Seidenpapier im Schachtelunterteil und kleben es mithilfe eines Klebestiftes darin fest.

Nun die ausgeschnittenen Pferde zum Formen über die Schneide einer Schere ziehen und im Rahmen platzieren. Zum Schluss den Deckel auf dem Schachtelboden fixieren und den Haken von hinten ankleben.

## Utensilo

### Material
- Tonkarton: gelb, orange, rot, hellbraun, dunkelbraun, schwarz
- 3D-Wellpappe: grün, dunkelgrün
- grünes Seidenpapier
- schwarzer Fineliner
- weißer Lackmaler
- 2 Küchenkrepprollen
- 2 Toilettepapierrollen
- Wellenschere

Zuerst eine der Küchenkrepprollen halbieren und die andere auf eine Länge von 21,5 cm kürzen. Alle Rollen mit grünem Seidenpapier umkleben. Den Tonkarton für das Pferdemotiv und die Schmetterlinge nutzen. Aus der Wellpappe den Boden zweimal, davon einmal gegengleich, und alle anderen Teile einmal zuschneiden. Außerdem einen 3 x 53 cm und einen 3 x 16 cm langen Wellpappestreifen zuschneiden. Jeweils eine lange Seite mit der Wellenschere schneiden.

Die beiden Bodenteile mit den glatten Seiten aneinander kleben und zum Trocknen unter ein schweres Buch legen. Die Büsche laut Vorlagenbogen aufeinander kleben und als Abstandshalter kleine aufeinander fixierte Wellpappe-Quadrate dazwischen befestigen. Das Pferd und das Fohlen zusammenfügen und ebenfalls kleine Wellpappe-Stücke auf der Rückseite platzieren. Das Motiv vor die Büsche kleben.

Die Schmetterlinge mittig falten und anordnen. Auf der Rückseite des Motivs die beklebten Rollen so aufkleben, dass sie völlig vom Busch verdeckt sind. Das fertige Motiv an der geraden Bodenkante platzieren und den langen Wellpappestreifen von A nach B um den Boden befestigen. Den kürzeren Streifen um ein Reststück Küchenkrepprolle kleben, ohne es daran festzukleben. Nach dem Trocknen des Klebers den so entstandenen Ring von der Rolle schieben und vor dem Pferdemotiv auf dem Boden platzieren.

# Fensterbild

**Material**
- Tonkarton: weiß, rot, beige, rehbraun, schwarz
- grüne Sisalwolle
- Efeuranke
- Heu
- rotes Baumwollgarn
- Lackdraht: hellgrün, dunkelgrün
- schwarzer Fineliner
- weißer Lackmalstift

Alle Teile des Fensterbildes auf die entsprechenden Papiere übertragen und ausschneiden. Hinter den Kopf die Mähne kleben, das Auge und die Konturen aufmalen. Das Dach auf den Stall kleben und das Pferd daraus hinausschauen lassen. Den Zaun und die Futterkrippe mit Klebstoff fixieren. Einige Ziegel mithilfe des schwarzen Fineliners auf dem Dach andeuten und die Efeuranke sowie etwas Sisalwolle anordnen. Bündeln Sie etwas Heu und platzieren es in der Futterkrippe. Schließlich ein Stück rotes Garn um die Pferdeschnauze binden und am Zaun festknoten. Den hell- und dunkelgrünen Lackdraht gleichzeitig um einen Stift zu einer Spirale wickeln, abstreifen und zum Aufhängen des Fensterbildes verwenden.

# Pferde-Schilder

## Wer steht im Stall?
**Material**
- Pappelsperrholz, 3 mm dick
- Farben: weiß, rot, hellbraun, dunkelbraun, schwarz
- schwarzer Fineliner
- kleiner Bilderhaken
- Holzleim
- Schmirgelpapier oder Feile

Alle Teile auf das Holz übertragen, aussägen und die Kanten glätten. Das Pferd und das Schild laut Abbildung bemalen. Für die Konturen den Fineliner nutzen. Anschließend das Schild mit dem entsprechenden Namen beschriften und die Pferdeteile von hinten daran befestigen. Zum Schluss einen Bilderhaken auf die Rückseite kleben.

## Wir sind im Garten
**Material**
- Pappelsperrholz, 3 mm dick
- Farben: weiß, beige, grün, rotbraun, schwarz
- schwarzer Fineliner
- Lackdraht: hellgrün, grün
- grüne Holzperlen
- Glöckchen
- Holzleim
- Bohrer, Ø 3 mm
- Schmirgelpapier oder Feile

Den Pferdekopf und das Schild aus dem Pappelsperrholz aussägen und die markierten Löcher einbohren. Anschließend die Kanten glätten und das Pferd sowie das Schild gemäß Abbildung bemalen. Für die Konturen und den Schriftzug einen schwarzen Fineliner nutzen. Zum Aufhängen beide Drähte um einen Stift zu einer Spirale wickeln und am Pferd befestigen. Für drei weitere Spiralen zunächst Perlen auffädeln, den Draht aufwickeln und jeweils mit einer Glocke abschließen. Die Perlendrähte am Schild anbringen.

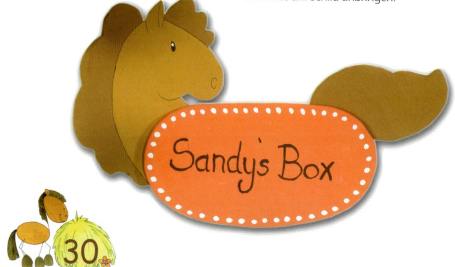

# Schlüsselanhänger aus Filz

## Pferdchen
**Material**
- Filz, 15 x 20 cm
- 2 schwarze Perlen, Ø 3 mm
- Schlüsselanhänger
- farblich passendes Garn
- Bastelwatte

Den Filz doppelt legen und das Pferdchen ohne Nahtzugabe übertragen und so zweimal ausschneiden. Nun die beiden Teile deckungsgleich aufeinander liegend im Feston- oder Knopflochstich umstechen. Im Bereich der Mähne und des Schweifes im Steppstich nähen und eine Stopföffnung frei lassen. Das Pferdchen mit etwas Bastelwatte füllen und die Öffnung schließen. Nähen Sie beidseitig die Perlen als Augen an und schneiden den Schweif mit einer Schere fransig. Zuletzt den Schlüsselanhänger mit einigen Stichen befestigen.

## Pferdeköpfe
**Material**
- Filz, 15 x 10 cm
- 2 schwarze Perlen, Ø 3 mm
- 7 rote Perlen, Ø 4 mm
- Schlüsselanhänger
- farblich passendes Garn
- Bastelwatte

Den Kopf zweimal, einmal davon gegengleich, und ohne Nahtzugabe zuschneiden. Die Teile im Feston- oder Knopflochstich, im Bereich der Ohren im Steppstich, zusammennähen. Eine Stopföffnung offen lassen, den Kopf mit etwas Bastelwatte füllen und die Öffnung schließen. Beidseitig schwarze Perlen als Augen annähen. Zum Schluss laut Abbildung mit den roten Perlen die Mähne andeuten und den Schlüsselanhänger annähen.